AF277304

Todos los libros de Linkgua Ediciones cuentan con modelos de Inteligencia Artificial entrenados por hispanistas. Pregúntale al chat de tu libro lo que desees acerca de la obra o su autor/a.

Para ebooks: Accede a nuestro modelo de IA a través de un enlace.

Para libros impresos: Escanea el código QR de la portada con tu dispositivo móvil.

Obtén análisis detallados de nuestros libros, resúmenes, respuestas a tus preguntas y accede a nuestras ediciones críticas generativas para una experiencia de lectura más enriquecedora.
La transparencia y el respeto hacia la autoría de las fuentes utilizadas son distintivos básicos de nuestro proyecto. Por ello, las respuestas ofrecen, mediante un sistema de citas, las fuentes con las que han sido elaboradas.

Enrique José Varona

Sobre la importancia del arte

Barcelona 2025
Linkgua-ediciones.com

Créditos

Título original: Sobre la importancia social del arte.

© 2025, Red ediciones S.L.

e-mail: info@linkgua.comm

Diseño de cubierta: Michel Mallard.

ISBN rústica ilustrada: 978-84-1126-977-3.
ISBN ebook: 978-84-9007-665-1.

Cualquier forma de reproducción, distribución, comunicación pública o transformación de esta obra solo puede ser realizada con la autorización de sus titulares, salvo excepción prevista por la ley. Diríjase a CEDRO (Centro Español de Derechos Reprográficos, www.cedro.org) si necesita fotocopiar, escanear o hacer copias digitales de algún fragmento de esta obra.

Sumario

Créditos   4

Brevísima presentación   7
   La vida   7

Sobre la importancia social del arte   9

Libros a la carta   29

Brevísima presentación

La vida

Enrique José Varona (1849-1933). Cuba.

Principal representante del positivismo en Cuba. Tras una inicial formación autodidacta en literatura, sociología, psicología y filosofía, y siendo ya una figura de reconocido prestigio académico y político se licenció y doctoró en Filosofía en 1891. Ya había publicado en la *Revista de Cuba* una serie de artículos filosóficos, entre los que sobresalen «El Positivismo», «La moral en la evolución», ambos de 1878 y «La metafísica en la Universidad de La Habana», de 1880. Vinculado en un principio al movimiento por la independencia, se adscribió después al Partido Autonomista y fue elegido diputado a Cortes en 1884. Atraído otra vez por Martí para la causa independentista, dirigió desde el exilio el periódico *Patria*. Durante la ocupación norteamericana de Cuba fue nombrado secretario de educación iniciando una reforma de la enseñanza.

Más tarde fue presidente del Partido Conservador y ocupó la vicepresidencia de la República en 1913. Retirado de toda actividad política trabajó en su cátedra de sociología en la universidad. Durante la mayor parte de su vida intelectual, Varona, asumió posturas positivistas influidas por las ideas de Spencer y Stuart Mill. Sin embargo alrededor de 1912 su pensamiento estuvo marcado por el escepticismo. En sus últimos años condenó la dictadura de Gerardo Machado.

Sobre la importancia social del arte

Señoras y señores:

Nunca, como en estos momentos, he deplorado tanto no sentirme a la altura de la situación en que me colocaban las circunstancias, porque nunca se había presentado a mis ojos un espectáculo a la vez tan brillante y tan imponente; y en ocasión alguna me ha parecido tan difícil para mis pocas fuerzas fijar de un modo digno la atención de una concurrencia tan distinguida como la que me honra esta noche, disponiéndose a escucharme. Pues no tengo títulos personales que me recomienden a vuestra benevolencia, permitidme confiar en vuestra galante cortesía, y al mismo tiempo en la importancia del tema que me propongo dilucidar ante vosotros; ya que de ninguna suerte pueda aspirar a cautivaros con la novedad o la brillantez de mis palabras. No necesitaré esforzarme para justificar la elección de mi asunto, pues se desprende, de un modo tan sencillo como natural, del acto mismo que se realiza en este momento, gracias sobre todo a vuestro valioso concurso. Ha bastado que resuene la voz de un padre, a quien la adversa fortuna ha hecho ver comprometido el porvenir hermoso de una hija, ya a punto de realizar las más halagüeñas esperanzas, próxima ya a pisar los umbrales del mundo del arte, donde la aguardan el aplauso y el renombre, presagios de una vida útil y gloriosa; ha bastado que os llame para que el generoso pueblo habanero acuda prestamente a tender una mano firme al que vacila, y allanará la joven artista el camino de la gloria. Este movimiento de tan bella espontaneidad, este como aviso instintivo de que se iba a realizar una obra no solo benéfica sino fructuosa, bien merece que se le analice; pues no ha de perder por eso el sello de nobleza que imprime el desinterés a los actos humanos, antes bien adquirirá la incontrastable fuerza que da a los impulsos el conocimiento cabal de que se ajustan a los dictados de la razón. He aquí por qué me he decidido a exponeros, con la brevedad que requieren las circunstancias, cuanto importa y porqué importa a los pueblos proteger las artes.

Ante la febril y premiosa actividad de que da muestras incesantes nuestro siglo; ensordecidos por el estruendo profundo y monótono de las inmensas manufacturas; deslumbrados por las maravillas que ha producido la ciencia aplicada a la industria, la ciencia que ha puesto alas al sonido articulado y ha alumbrado nuestras noches con luz más intensa que la de los mismos astros; algunos espíritus más sensibles que perspicaces y previsores, gimieron por el abandono de las artes, pronosticaron la irreparable decadencia de toda manifestación artística. El siglo del vapor y la electricidad no había de ser el siglo de la pintura y la poesía; la época que aclama como sus benefactores a los Fulton y a los Edison, no había de consagrar con sus aplausos la inspiración de un Virgilio, el genio de un Miguel Ángel. Y es que en su culto amoroso del arte, habían llegado a idealizarlo de tal suerte, que lo consideraban como algo extrínseco a la naturaleza humana; como algo esencialmente divino, de todo punto incompatible con las otras fortificantes actividades que integran nuestro ser; con lo que desconocían, sin sospecharlo, la mayor, la verdadera excelencia, el grande y legítimo valor del arte, como elemento emocional y expresivo en la vida del hombre, como elemento, por tanto, de comunicación y simpatía en la vida de las sociedades. No vive, ni puede vivir el individuo humano aislado, en la sola conversación de su espíritu, atento solo a las palpitaciones de su corazón, en la contemplación egoísta del ideal luminoso de su conciencia; cuando se siente poseído por una generosa emoción, cuando hiere su ánimo algún bello espectáculo, cuando se enardece ante el heroísmo del valor o del deber, necesita con necesidad imperiosa trasmitir el sentimiento que lo domina y agita, a sus iguales en sensibilidad, en inteligencia, en dignidad moral; y es poco para ello el gesto, y pobre y oscuro el lenguaje, y necesita animar sus figuras para que hablen a los ojos, y dar color a los objetos para que atraigan y deslumbren la vista, y poner en el sonido tanta parte de su alma, que se apodere irresistiblemente de todas las almas y las purifique y las eleve al nivel de su mismo sentimiento. Así cuanto hay grande, cuanto hay noble, puro y bello en el mundo y en la humanidad, encuentran forma duradera y expresión patética en el grupo del escultor, en la tela del colorista, en la gama del músico, o en la lira del poeta. Así el arte que completa y universaliza el lenguaje, recoge, conserva y trasmite lo más selecto de cuanto el hombre observa, piensa, siente; la flor de la cultura de una época, lo más exquisito de los afectos de un pueblo o de una... raza. La vida intensa que comunica a sus obras, vibra y se esparce a través de las generaciones; haciendo surgir a su poderosa evocación, no ya los hombres, las sociedad en las instituciones que pasaron y se desvanecieron, sino el sentimiento perecedero y transitorio que los poseyó un momento en la sucesión de las edades. Así vive un punto y palpita en nosotros un espíritu que no es nuestro espíritu, y se enriquece nuestra alma con afectos que no son los suyos, ni los de su país y su tiempo. ¿Queréis que el frío y escéptico analizador de nuestros días participe de los ardores del misticismo ascético, para que los aprecie y comprenda? Ninguna descripción, ningún discurso podrán realizarlo con tanta rapidez y vigor tanto como un sencillo cuadro, el *Monje orando* de Zurbarán. Sobre una masa de sombra intensa que apenas deja adivinar las arcadas profundas del claustro, se destaca, bañado por un rayo de luz, un hombre arrodillado e inmóvil. Entre sus manos crispadas se ve un cráneo amarillento, pero sus ojos, velados en la penumbra que proyecta la capucha del burdo sayal, no están fijos en él, miran hacía lo alto, miran la sombra, con expresión de tan dulce vaguedad, de tanto arrobamiento, que lo sentimos embebecido en la contemplación de una luz inextinguible. Sus manos están asidas a la tierra, a la muerte, palpan la nada del hombre efímero, pero ante su vista se ciernen las venturas celestiales y sus labios entreabiertos no dejan escapar gemidos de dolor, ni sollozos de agonía, sino el himno ferviente del alma estática ante los esplendores de la eterna gloria.

¿Queréis pasar de la vida del claustro, con sus desfallecimientos y sus transportes, a la vida de la plaza pública y del concejo, con la animación del tráfico y el tumulto del entusiasmo popular? ¿Queréis penetrar ese espíritu municipal que tanto ha engrandecido a los pequeños estados del litoral del mar del Norte? No sacudáis el polvo de los archivos, ni os detengáis en hojear las frías páginas de las viejas narraciones. Buscad alguna tela de los maestros flamencos. Escojamos. *La ronda nocturna* de Rembrandt. Toda está llena de figuras, hombres en todos los trajes y actitudes, armas de todas clases y el regocijo en todos los rostros; quién se echa sobre el hombro pesado arcabuz, quién tremola su pica, quién se apoya en su alabarda, el jefe va a sacar la ancha espada y el portaestandarte levanta sobre el grupo la bandera de la ciudad. Todo el asunto del cuadro se reduce a la salida de una guardia municipal en un día festivo; pero es tanta la animación de esas figuras, se ve en esos burgueses tanta satisfacción por sus funciones cívicas, que no cuesta trabajo alguno reconocer en ellos el nervio y el espíritu de aquellas modestas municipalidades que supieron vencer a los más aguerridos capitanes, rechazar las invasiones de los monarca más poderosos, y poner espanto a las armada formidables que dominaban los mares.

Y no necesita el artista respirar esos aires de libertad; el arte rompe la mordaza que la suspicacia de los tiranos pone en la boca de los pueblos. Con razón se ha dicho de la monarquía absoluta en Francia, que fue un despotismo templado por las canciones satíricas.

En vano se pretende correr un velo impenetrable sobre la vida íntima del déspota, y esconder a la ávida curiosidad de los súbditos, —quienes comprenden que hay un mortal donde se les quiere presentar un semidios, —las tragedias lastimosas que suelen tener por escenario las cámaras magníficas de los palacios reales. Una entre todas se presenta en este instante a mi memoria; sobre día se han condensado todas las tinieblas de la historia; así lo quiso la voluntad incontrastable de su principal actor. Un príncipe en la flor de sus años, heredero de la más vasta monarquía de la cristiandad, aherrojado en el propio alcázar de su padre, muere de muerte extraña y misteriosa, y pocos meses después la joven reina que estuvo un día destinada a compartir su tálamo. Un profundo silencio sucede en toda la nación al estupor producido por la terrible coincidencia; estaba allí para imponerlo la sombría figura de Felipe; pero al cabo hay quien lo rompa; no transcurren muchos años sin que el trágico suceso se desenvuelva a la vista atónita del público, para dar a la posteridad la clave del enigma. ¿Quién ha osado tanto?: un artista, un poeta; y el instrumento ha sido una obra de arte, un drama: Lope de Vega en *El castigo sin venganza*.

Así cuando todo calla y la opinión parece adormecida, y la pluma vacila en la mano del escritor, y hasta el filósofo duda en su retiro si le será lícito oír los oráculos de la inteligencia; como el espíritu humano no puede sucumbir, como hay algo que palpita y pugna por la vida hasta en el desfallecimiento de un pueblo entero, siempre habrá un alma más sensible en que se reconcentren todas las emociones de esas épocas oscuras y glaciales, y las lanzará al mundo en un gemido o en un sarcasmo. Miguel Ángel esculpe su Noche, a quien place su sueño de piedra *mentri che il danno e la vergagna dura*; Goya dibuja sus visiones dantescas entre las tinieblas con que rodea la superstición una sociedad también aletargada. Recordad el estado de España en su tiempo; los esfuerzos generosos de aquellos hombres doctos y liberales que rodaron a Carlos III no habían bastado para libertar al pueblo de los terrores nutridos en su propia conciencia; la Inquisición, aunque mera sombra, se erguía aún como un fantasma temeroso que reina en la oscuridad; el Índice Expurgatorio y alzaba soberbio, padrón levantado por la ignorancia en el umbral del templo del fanatismo; recordadlo, y comprenderéis toda la osadía de la protesta, de la befa sangrienta con que el artista rompe de frente con las caliginosas preocupaciones de sus coetáneos. No conozco en la historia del arte, fuera de algunas escenas del Infierno en la *Divina Comedia*, nada más enérgico en su horror sublime que aquel dibujo en que Goya pinta un cadáver a medio enterrar; su rostro lívido y desencajado revela las postreras convulsiones de la agonía, parece que aún no se han extinguido en su cerebro las últimas palpitaciones de la vida, porque aún revolotean en torno suyo, como horrendas pesadillas, las últimas imágenes, las figuras grotescas que representan los errores, los crímenes quizás de su existencia, y entre las que se destaca la mano descarnada que sostiene lo inflexible balanza. Pero algo más terrible, más horrendo que todo eso ha encontrado en el seno de la fosa, porque levantándose por un esfuerzo convulsivo, y apoyado en el codo siniestro, escribe con la derecha, como una revelación que brota espantosa de la tumba, esta fatídica palabra: *¡Nada!*

Con tan vigorosos medios de expresión a su servicio, no ha de limitarse el arte a revelarnos la emoción intensa que domina a un individuo, aunque esa emoción sea producida por el medio social en que se desenvuelve; es mucho más amplia su esfera de acción, y más importante su función social. Si aisláis al más sublime artista, aún cuando no lleguéis a cegar del todo la fuente de sus inspiraciones, pues brota de lo más íntimo de su ser, mutiláis indefectiblemente su genio y esterilizáis la mejor parte de su obra. El artista no crea para sí, crea para trasmitir su pasión, para buscar otros adoradores de su ideal; produce para sus semejantes y necesita que sus concepciones se aquilaten, se embellezcan y aún se trasformen, reflejándose y refractándose en millares de corazones y de conciencias. Da el tono que los demás han de repetir acordes, y cuando lo logra, como lo alcanzan siempre los verdaderos artistas, su pasión propia llega a ser la pasión de cuantos lo rodean, su aspiración la de un pueblo entero. He aquí como todo gran sentimiento colectivo, todas las creencias nacionales, se concentran en el alma del artista, para irradiar de allí en forma tal que inflame a los más tibios, a los más apáticos. Así se han formado las grandes manifestaciones artísticas, que sirven para mantener vivo el sentimiento y transmitirlo. Allí tenéis el ejemplo en los himnos nacionales; no de otra suerte puede apreciarse la significación de los poemas épicos o legendarios, que en los diversos países se han trasmitido unas a otras las generaciones. ¿Qué viene a ser esa epopeya del *Zorro*, que nace en el centro de Europa, ya adelantada la Edad Media, se extiende por Francia y Alemania, pasa a Inglaterra, y llega aún con tal vitalidad a nuestros tiempos que logra inspirar a uno de los más egregios poetas modernos? No otra cosa que la representación por la palabra rimada de la preocupación constante de toda esa época, en esas naciones, de la lucha tenaz de los intereses y principios que las agitan y dividen, del duelo a muerte empeñado entre la inteligencia y la fuerza, una alegoría feliz en que el pueblo descubría sin esfuerzo la reivindicación de la conciencia popular que comienza a poner sus derechos como una barrera a la invasión creciente de los monopolios del señor feudal y de la nobleza palaciega.

Son las sociedades organismos que cuanto más coherentes, mejor resisten a las fuerzas circunstantes y adversas, y ya veis qué poderoso medio de provocar y mantenerla cohesión entre los hombres es una rica producción artística. Los que aprenden a sentir del mismo modo, aprenden a la par a amarse, porque no hay comunión que aproxime y unifique más que la del sentimiento. Donde quiera que halléis unas mismas obras igualmente estimadas, estudiadas y enaltecidas, no miréis si hay divisiones ficticias, si hay fronteras que separen, allí hay hombres cuyos pensamientos se comunican, allí hay un pueblo. Italia, dividida en piezas por el extranjero, vendida al mejor postor por sus príncipes naturales, fomentadas sus discordias seculares por la política torpe de la Iglesia Católica, objeto de dolor profundo para sus hijos y de lástima o desdén para los extraños, subsiste, se conserva una en el corazón ele los italianos, que repiten al unísono los tercetos dolientes del Dante o las octavas inflamadas del Taso, adoran a la vez las madonas de Rafael, y elevan juntamente sus preces al copas de las melodías de Rosini. Estos fueron los gloriosos precursores de la unidad italiana.

Dije antes que el arte centuplica el gran poder del lenguaje; he aquí por qué su influjo no se limita a una raza, ni se detiene ante las montañas, ni muere donde empiezan las hirvientes olas del mar. La producción artística de un pueblo, como alcance caracteres de excelencia y duración, irradia, como de un foco luminoso, en torno suyo, y lleva a los que lo rodean o de alguna suerte entran en contacto con él, gérmenes prolíficos de cultura, de enseñanza y de estímulo. No hablemos de los pueblos que cultivan entre sí relaciones amistosas por el comercio de los productos y de las ideas, hablemos de los que parecen más separados, de los que están divididos por encontrados intereses, o por flagrantes injusticias, del estado de guerra, en fin. No hay espectáculo más frecuente en la historia que el de un pueblo vencido que impone a su vencedor su civilización y sus artes. Recordad aquel largo combate de dos pueblos, aquella lucha de siglos entre los cristianos y los muslimes españoles. Todo los dividía, la fe, la raza, las costumbres, los intereses políticos, el estado de las ideas, y sin embargo, señores, la espléndida cultura que había convertido la Andalucía en la maravilla de Europa de tal modo se refleja sobre los duros guerreros del Norte, de tal suerte se infiltra en las ideas de aquellos pueblos alternativamente esclavos y señores, que no solamente resuenan la voz y la doctrina de los sabios y artistas musulmanes en la corte de los reyes castellanos, no solamente el pueblo rechazado al cabo de ocho centurias a los ardientes arenales de África lega al pueblo de la reconquista los monumentos portentosos que había sembrado a su paso, para que aprenda y produzca un nuevo estilo arquitectónico; sino que deja el sello indeleble de su espíritu en las palabras que la nación vencedora le toma involuntariamente, para designar los objetos del arte grandioso que le habían trasmitido sus encarnizados enemigos.

¿Qué mucho entonces que ese gran destructor de las obras humanas, el tiempo infatigable, también quede vencido por la duración de las obras del arte? Solo por ellas consigue el mortal ver realizada de alguna suerte la más falaz tal vez, pero también Ja más ardorosa y tenaz de sus ilusiones: la inmortalidad.

Por ellas, que guardan muchas veces el más precioso depósito: el alma de un pueblo. ¿Qué sabíamos nosotros de aquellos imperios colosales de Oriente, de los que solo había llegado a nuestros oídos, repercutiéndose de siglo en siglo, el inmenso rumor de su espantosa caída? Las fábulas extrañas, las leyendas risibles que habían recogido por mera e infantil curiosidad los historiadores griegos. Mas apenas remueve la ciencia audaz de nuestro siglo los escombros y las ruinas sepultadas por el polvo de tantas edades, de entre los rotos obeliscos, por medio de las macizas columnas, del fondo sombrío de los hipogeos, se levanta el espíritu de la antigüedad, anima las pinturas murales, ilumina el rostro atento de las esfinges, sacude de su letargo secular el panteón entero de los dioses monstruos, y nos revela por la voz del arte el secreto perdido de aquellas remotas civilizaciones.

Y sin remontarnos tan atrás en el curso de los tiempos, si cuidadosamente examinamos el caudal de nuestras nociones y conceptos, si queremos rastrear el origen de muchas de nuestras costumbres, de nuestras aficiones, del gusto mismo con que aquilatamos las producciones más refinadas del sentido estético, tendremos la demostración más palmaria de todo lo que vive con vida inmortal en la humanidad, solo por el ministerio del arte. Esta civilización que tanto pregonamos, esta cultura de que tanto nos envanecemos, están penetradas de un espíritu que no es nuestro, ni de nuestros antecesores inmediatos; el espíritu de dos pueblos soberanos por la inteligencia y la sensibilidad, cuya huella luminosa no han bastado a borrar del mundo los cataclismos de la naturaleza, ni las revoluciones de los hombres: Grecia y Roma. Porque ¿sabéis, señores, cómo se impuso y triunfó el Renacimiento? Sustituyendo un sistema de enseñanza a otro, derrocando la escolástica —que era la lógica, —y poniendo en su lugar las humanidades. Y éstas no son otra cosa que el estudio, la interpretación y la admiración de cuanto en la esfera del arte y la literatura habían dejado con el sello de su gusto superior atenienses y latinos; el triunfo más completo de la belleza artística creada por pueblos y razas ya extinguidas sobre los hombres de otras muy diversas edades. Durante cuatro siglos ha vuelto Europa a frecuentar el Pórtico y la Academia, los estudios de Atenas y Argos, el hipódromo de Olimpia, el foro romano y el museo alejandrino. Y el resultado ha sido la fecundación maravillosa de cuanto había elaborado la humanidad en los tiempos medios, por virtud del genio de los antiguos: la flor más exquisita de toda la cultura de Occidente.

Ya veis, señores, cómo el arte, la manifestación artística de las grandes conmociones y de los sentimientos permanentes del ser humano, es un medio tan eficaz de comunicación entre los hombres, de tal modo acendra y vigoriza sus aspiraciones y señala dirección y objeto a sus actividades, que estrecha fuertemente los vínculos sociales, contribuye en grado sumo al engrandecimiento de los pueblos, aumenta su poder y su influencia, sirve de vehículo a sus ideas más útiles y más bellas: a sus invenciones y a sus sistemas, y les asegura así la gratitud y la admiración de la posteridad. Y así queda patente, sin ulterior esfuerzo, cuanto importa a los pueblos proteger las artes.

Mas no puedo considerar agotado mi tema, sin establecer antes una distinción necesaria. Dos caminos hay para hacer efectivo ese apoyo, ese auxilio que anima poderosamente al artista, y lo coloca en condiciones ele producir fácilmente: la protección oficial y la protección que llamaré popular, porque brota espontánea de las entrañas mismas del pueblo, cuando es bastante ilustrado y culto para apreciar el tesoro que defiende y asegura. No negaré toda eficacia a la primera, —como suelen los partidarios de ciertas escuelas económicas, —especialmente en la forma en que practican los Estados modernos y para países colocados en determinadas condiciones; pero sí sostendré que tropieza con inconvenientes tales, que a cada paso se falsea y adultera. Se ha dicho que todas las obras que acomete el Estado resultan más dispendiosa; mayormente han de serlo en materias que han de confiarse casi exclusivamente al gusto individual, y en que ha de temerse siempre con razón que se busque el fausto, como un obsequio a la vanidad propia, antes que la utilidad y necesidad reales, a que debe atenderse en todos los gastos públicos; por otra parte ¿cómo cerrar la puerta a las influencias bastardas, que favorecen a las medianías, para franquearla solo al mérito insigne? ¡Cuánto incienso no se ha quemado en loor de la munificencia de los monarcas! ¡Cuántos monumentos grandiosos no ha sacado de la nada su soplo creador! Pero si examinamos muchas de esas construcciones, nos aparecen tan vacías de sentido o tan en desproporción con su objeto, como aquellas moles inmensas que aún dominan el curso del anchuroso Nilo, destinadas solo a encerrar el puñado de polvo a que se reduce un mortal. ¡Qué no han dicho los historiadores de la generosidad de Luis XIV, quien no contento con pensionar a los artistas, a los poetas y a los sabios de su nación, enviaba presentes y señalaba rentas vitalicias a los extranjeros! Pero en la regia nómina ¡cuán pocos nombres ilustres! ¡cuántos nombres oscuros! Ya se ve, el monarca sabía que Richelieu había obsequiado espléndidamente a los literatos extranjeros que habían escrito en su elogio, y se anticipaba de esta suerte a pedirlos, seguro, como estaba, dice con su ingenuidad característica Voltaire, de merecerlos. La calidad no entraba en sus cálculos. De todas partes, en efecto, se alzó un concierto de alabanzas en honor del Mecenas francés, y con este dorado polvo cegaba el regio libertino los ojos de su pueblo, para que no los fijara demasiado en sus regios escándalos.

Más equitativa, como que se dispensa al mérito real, al mérito que se abre paso por su propio valor o por sus esfuerzos perseverantes, más duradera, porque no depende del gusto o del capricho voltarios de un soberano o de un ministro, más fructuosa, porque toma siempre el camino de las verdaderas necesidades de la época y del país, es la otra forma de protección, la popular. Cuando se despierta o se mantiene en la totalidad de los ciudadanos la afición a las artes bellas, y todos buscan y alientan sus producciones y participan de su espíritu, y hay bienestar, estimación y aplausos para el artista; cuando florece y se extiende el buen gusto, que penetra hasta en lo íntimo del hogar y se refleja en el decorado de las casas, en las costumbres, en las ceremonias, cuando hay en un pueblo vida artística, entonces es cuando el arte se ostenta lozano y vigoroso, entonces cuando produce sus obras verdaderamente inmortales. Toda la arquitectura civil de los pueblos cristianos nació de esta suerte. Las casas consistoriales de Bruselas y de Lovaina compiten en grandiosidad y magnificencia con las mansiones soberbias de los Capetos o los Borbones, y las eclipsan por lo que significan y representan. A medida que se afirman y extienden las libertades públicas en los Países Bajos, y el pueblo enriquecido por la industria y las artes útiles, se fija en las cosas del espíritu, el florecimiento de las artes bellas llega a su apogeo. Brujas, emporio del comercio y de la riqueza en el norte es un foco de cultura artística y rivaliza con la reina de las artes en el mediodía, con la libre Florencia. Amberes y Ámsterdam ven brillar esplendorosamente la arquitectura, y dotan al mundo de una escuela de pintores, cuya fama no han bastado a deslustrar las maravillas de la pintura italiana. En España, mientras las antiguas capitales conservan vitalidad suficiente para resistir a la asfixiante centralización de la corte, hay otros tantos focos de movimiento artístico, y la escuela de Sevilla, en la pintura, y la de Valencia, en la poesía dramática, preceden a las de Madrid, les envían sus maestros y les dan sus modelos.

Hay además otro aspecto del problema que no se debe desatender, el aspecto moral. La protección colectiva y por tanto anónima defiende mejor la personalidad del artista de riesgos inevitables, cuando la protección viene de los poderosos; eleva su condición y asegura su independencia, que es absolutamente necesaria para que se produzcan obras espontáneas y sinceras. El eximido poeta que perfeccionó la lengua toscana en un monumento imperecedero, el autor de la Jerusalén, nunca pasó de ser un doméstico de Alfonso de Este; el grande, el inimitable Moliere no fue sino un histrión más en la compañía que deleitaba en sus ocios a Luis XIV. Hoy el artista vive de sus obras y de su genio, y lo que recibe del público se lo devuelve centuplicado. Hasta aquellos más desfavorecidos y aun desdeñados en otro tiempo, los actores, están hoy considerados en todas partes al nivel de los demás ciudadanos, sin que limite la esfera de sus relaciones en sociedad ninguna consideración ajena a su conducta y prendas personales. Este ejemplo solo bastaría para recomendar y hacer preferible una forma de protección que es tan eficaz como la oficial y está exenta de sus riesgos. Todos los pueblos que lleguen a adquirir esa conciencia propia, sin la cual puede haber agrupaciones más o menos gran des de hombres, pero no sociedades realmente organizadas, esa conciencia colectiva que los hace sentir al unísono y apasionarse por unos mismos ideales y regocijarse con las mismas alegrías y dolerse con las mismas desgracias y catástrofes, todos los pueblos que lleguen a esta altura considerarán siempre como uno de sus más gratos deberes y tendrán por uno de sus más gloriosos timbres presentar a los extraños una copiosa producción artística, favorecida y alentada por su inteligente generosidad.

Fácil me sería ahora probar que nuestra época, que puede distinguirse entre todas las de la historia por, ser aquella en que las naciones se ha n preocupado más de sí propias, se han dado más clara cuenta de lo que son y de lo que pueden, y en que sus distintos y elementos se han llegado a ver confundidos en esa forma de conciencia del conjunto de que acabo de hablar, poseyendo, en fin, la noción y el sentimiento de la solidaridad, es precisamente la que ha producido mayores riquezas artísticas y la que ha premiado con más largueza a sus allegadores. Fácil me sería demostrar cómo este siglo que horada las montañas para abrir paso a la veloz locomotora, y une los océanos, y rompe el valladar infranqueable de los hielos polares buscando mayor campo a su actividad y más espacio a la necesidad de trabajo que lo hostiga, es el mismo siglo que levanta sobre pedestales a la Ristori y a la Nilson, saca de la oscuridad y circunda de gloria a Fortuny, quema todo el incienso de sus alabanzas en honor de Verdi, dota con una fortuna regia a Dumas y celebra en vida la apoteosis de Víctor Hugo.

También pudiera haceros notar como, a medida que los intereses comunes han unido a mayor número de hombres a través de las fronteras y han aproximado a mayor número de pueblos allanando las murallas de los odios seculares y de los tenaces recelos, ha ido siendo necesario que se extendiera y perfeccionara el arte que mejor satisface las nuevas y premiosas exigencias de comunicación universal; el arte divino que más blandamente mueve el corazón de los humanos, porque compendia, traduce, expresa, en un lenguaje por todos comprendido; cuanto se estremece y vibra en las fibras más simpáticas de nuestra alma. Jo mismo en la hora risueña de las esperanzas gloriosas que en los momentos sombríos de la desesperación y el desfallecimiento. Todos sabéis ya que aludo a la música; al arte predilecto de nuestros tiempos. Pero una voz elocuente se dispone a trazar ante vosotros ese hermoso cuadro, con un colorido a que no puedo ciertamente aspirar, y solo me toca no retardaros más tan deseados instantes.

Séame, sí, lícito advertir que no debemos separarnos, después de haber hablado de tanta grandeza y magnificencia y haber entrevisto algo del mundo espléndido del arte en su gloriosa carrera a través le las edades, después de haber intentado bosquejarlo que significa y lo que vale esa alta esfera de la vida de los individuos y de los pueblos, sin fijar una mirada amorosa en nuestra Cuba. No para establecer vanidosos paralelos, pero sí para recordar, que, no obstante haber vivido tanto tiempo olvidada y oscurecida, a pesar de la lenta y prolongada gestación de su cultura, tan pronto como ha entrado en comunicación con la corriente simpática de las ideas modernas y ha podido hacerse oír en el concierto de los pueblos civilizados, ha pretendido ceñirse los laureles de las letras y las artes. Y no se los ha negado el mundo. Algunos de sus artistas han recogido aplauso y renombre, amor y estimación, en los centros mismos en que brillan hoy con más puro fulgor las bellas artes; la voz de sus poetas insignes ha hecho volverlos ojos de la culta Europa hacia nuestras playas perdidas entre las bromas del mar inmenso; y si en estos momentos no os enumero sus nombres, es porque temería ofender a los que aún viven, y porque no necesita de este testimonio la admiración que para ellos abrigan nuestros corazones. Para algo más que para enviarles estériles alabanzas os los he recordado ahora; para que os detengáis a considerar que aunque han sido grandes los alientos y el esfuerzo, aún no podemos llamar grande al resultado. El deber que a todos nos alcanza de favorecer nuestra vida artística se desprende espontáneamente de esa consideración, cierta, por más que sea hasta cierto punto dolorosa.

Cuba, enriquecida próvidamente por la naturaleza, mimada hasta ayer por la fortuna, si ha sido famosa en el mundo, lo ha debido principalmente al esplendor de sus riquezas. Aunque algunos de sus hijos ilustres han brillado gloriosamente a los ojos de los extraños, han sido considerados siempre como extraordinarias y felices excepciones. Hoy, tremendos tras tornos interiores y acaecimientos externos no menos graves nos han hecho descender de un pedestal que era tan poco sólido; y sin que olvidemos las artes útiles y las tareas de la industria que afianzan el cimiento de todo edificio social, una nueva y anchurosa vía se nos abre para recuperar el rango perdido y sostener el brillo de nuestro nombre. Herederos de un arte fastuoso, en comunicación constante con el mundo culto, con excelentes dotes naturales, bien pueden los cubanos adquirir para su patria la aureola de la cultura intelectual y artística. Creo haberos demostrado cuanto importa a los pueblos adquirirla. Por eso a todos me dirijo, a cuantos aquí han saludado la primera luz, a cuantos reciben sustento de esta tierra generosa, a cuantos se sienten unidos a ella por algún vínculo sagrado, a cuantos forman este pueblo joven y vigoroso, a todos me dirijo, diciéndoles: honrad, protejed las artes, favoreced la vida intelectual, asegurad a vuestros hijos el disfrute de los goces que no manchan el cuerpo, ni contaminan el espíritu, abrid nuevos veneros de imperecederas riquezas a la hermosa Cuba, para que esta patria querida no se adelante avergonzada, no se presente con las manos vacías en el banquete magnifico, en el regio festín que ofrece a los pueblos todos la grande, la esplendorosa civilización de nuestro siglo.

Libros a la carta

A la carta es un servicio especializado para
empresas,
librerías,
bibliotecas,
editoriales
y centros de enseñanza;
y permite confeccionar libros que, por su formato y concepción, sirven a los propósitos más específicos de estas instituciones.

Las empresas nos encargan ediciones personalizadas para marketing editorial o para regalos institucionales. Y los interesados solicitan, a título personal, ediciones antiguas, o no disponibles en el mercado; y las acompañan con notas y comentarios críticos.

Las ediciones tienen como apoyo un libro de estilo con todo tipo de referencias sobre los criterios de tratamiento tipográfico aplicados a nuestros libros que puede ser consultado en Linkgua-ediciones.com.

Linkgua edita por encargo diferentes versiones de una misma obra con distintos tratamientos ortotipográficos (actualizaciones de carácter divulgativo de un clásico, o versiones estrictamente fieles a la edición original de referencia).

Este servicio de ediciones a la carta le permitirá, si usted se dedica a la enseñanza, tener una forma de hacer pública su interpretación de un texto y, sobre una versión digitalizada «base», usted podrá introducir interpretaciones del texto fuente. Es un tópico que los profesores denuncien en clase los desmanes de una edición, o vayan comentando errores de interpretación de un texto y esta es una solución útil a esa necesidad del mundo académico.

Asimismo publicamos de manera sistemática, en un mismo catálogo, tesis doctorales y actas de congresos académicos, que son distribuidas a través de nuestra Web.

El servicio de «libros a la carta» funciona de dos formas.

1. Tenemos un fondo de libros digitalizados que usted puede personalizar en tiradas de al menos cinco ejemplares. Estas personalizaciones pueden ser de todo tipo: añadir notas de clase para uso de un grupo de estudiantes, introducir logos corporativos para uso con fines de marketing empresarial, etc. etc.

2. Buscamos libros descatalogados de otras editoriales y los reeditamos en tiradas cortas a petición de un cliente.

Printed in Poland
by Amazon Fulfillment
Poland Sp. z o.o., Wrocław

69305488R00021